Carnet de Loire
de Tours à Candes-Saint-Martin

Dans la même collection :

<u>Carnet de Loire, des Ponts-de-Cé à Montsoreau</u>
Illustrations de Pascal Proust, textes de Pierre Laurendeau, 1996
<u>Carnet de Loire, des Ponts-de-Cé à La Varenne</u>
Illustrations de Pascal Proust, textes de Pierre Laurendeau, 1998
(en coédition avec le CDT Anjou et le CAUE de Maine-et-Loire)

<u>Authion, Jardin d'Anjou</u>
Illustrations de Pascal Proust, textes de Michel Pateau, 1998
(en coédition avec le Syndicat mixte Loire Authion)

<u>Carnet de Sarthe</u>
Illustrations de Pascal Proust et Philippe Migné,
textes de Pierre Laurendeau, 1999

© Le Polygraphe éditeur, 2003.

Carnet de Loire
de Tours à Candes-Saint-Martin

Illustrations de Pascal Proust
Textes de Pierre Laurendeau

Le Polygraphe, éditeur

4

Un matin d'août, sur la levée, à Bréhémont :
soleil levant sur sacoche rutilante.

Chouzé-sur-Loire

Candes-St-Martin

St-Germain-sur-Vienne

St-Cyr-sur-Loire
Fondettes
Luynes
Tours
La Riche
St-Étienne-de-Chigny
St-Genouph
Cinq-Mars-la-Pile
Berthenay
Savonnières
Villandry
Langeais
St-Michel-sur-Loire
La Chapelle-aux-Naux
Vallères
Bourgueil
St-Patrice
Lignières-de-Touraine
Bréhémont
Restigné
La Chapelle-sur-Loire
Rivarennes
Azay-le-Rideau
Cheillé
Rigny-Ussé
Saché
Huismes
Véron
Avoine
Beaumont-en-Véron
Chinon
Seuilly

Après avoir sillonné la vallée angevine, des marches
du Saumurois aux frontières de l'agglomération nantaise,
notre voyageur décide de remonter le fleuve royal vers sa source,
à la poursuite d'un secret connu des anciens mariniers
des saumons et des anguilles :
l'eau de Loire peut couler dans les deux sens
selon les besoins du voyage, de la source vers la mer, ou des eaux
mêlées de l'estuaire vers les saisons fluides de l'imaginaire.

De Tours
à Langeais
du 13 au 16 août

Un des quatre pavillons d'octroi
(XVIIIᵉ siècle)
qui cernent le pont Wilson, à Tours.
Gare au porte-monnaie !

Le pont Wilson, véritable trait d'union entre les deux rives de la Loire, faillit sombrer dans le fleuve le 9 avril 1978, lorsque deux piles s'effondrèrent à six heures d'intervalle.

9

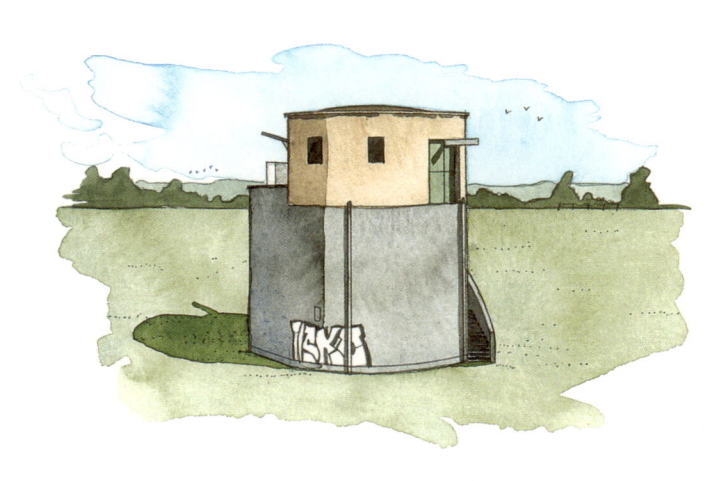

Station de pompage à Luynes et son moderne graffiti de marinier.

Cette première étape de mon séjour en Touraine s'annonce ferroviaire : le vélo embarqué, je m'installe près d'une fenêtre. La frontière entre l'Anjou et la Touraine est subtile, autant géographique qu'historique et, pourtant, un autre paysage ouvre peu à peu ses horizons à l'appétit du cheval de fer. Je découvre ainsi que le coteau, parsemé comme son confrère saumurois de troglodytes, a changé de rive. À l'approche de la cité des Turons, je ressens des fourmillements dans les doigts et des pétillements dans les mollets : à nous deux, Touraine, pays de tuffeau, d'eau langoureuse et de vins chantants !

Tours

Belle-Ile-en-Mer,
le Mont-Dore,
les Pyrénées
ou les menhirs d'Erdeven...
Ces superbes panneaux en
céramique, conçus par Eugène
Simas invitent au voyage aussi
sûrement que les modernes TGV
piaffant sur les rails.

La gare, construite par Victor Laloux à la fin du XIXe siècle,
dresse vers le ciel deux tétines de verre, providence pour anges assoiffés.

Occupé à soutenir le balcon
de l'hôtel de ville,
autre réalisation de l'architecte
tourangeau Victor Laloux,
cet atlante ne peut soulever
la casquette de Jean Nouvel,
l'audacieux créateur
du « Vinci », le très
contemporain
Centre des Congrès.

Tours

Dans la cour du musée des Beaux-Arts (l'ancien archevêché), je prends la mesure de l'immense cèdre du Liban avant de saluer l'ami Fritz, l'éléphant du cirque Barnum naturalisé en 1903.

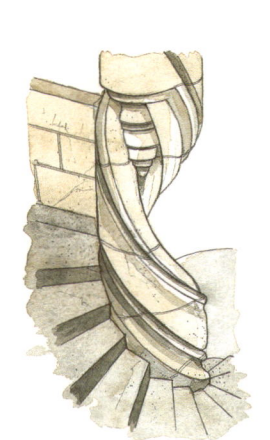

Le cloître de la Psalette (XVᵉ-XVIᵉ siècles) et la cathédrale Saint-Gatien.

Bel escalier à vis Renaissance du cloître. L'abbé Birotteau, le « curé de Tours » de Balzac, hante-t-il encore les lieux ?

Sur le portail nord de la cathédrale, deux oiseaux fabuleux, chimères ou phénix, déploient leurs ailes pétrifiées, symbolisant la permanence de l'édifice, malgré les vicissitudes des époques et les misères des temps.

La tour de Guise, à gauche,
accueillit contre son gré le jeune
fils du chef des ligueurs
assassiné sur ordre d'Henri III,
à Blois en 1588.
Le duc s'échappa de sa royale
prison, le 15 août 1591,
au moyen d'une corde
cachée dans le fond
d'un panier à linge.

Au premier plan,
les vestiges de l'ancien
palais du comte d'Anjou
Geoffroi II Martel,
venu en voisin conquérir
la Touraine en 1044,
à la suite des incursions
de son père, le terrible
Foulques Nerra.

Le « logis de Mars », caserne construite à la fin du XVIIIe siècle,
prend appui sur deux grosses tours de l'antique forteresse médiévale.
Le logis des gouverneurs a été édifié sur l'ancienne muraille
gallo-romaine qui, après le passage des énigmatiques Bagaudes
protégea les habitants de Caesarodunum des trublions de la fin de l'Empire.

Par le « pont de fil » réservé aux cycles et piétons je traverse la Loire à légers coups de pédales contemplant les lacis d'eau cernant de minuscules îlots de sable : le grand fleuve a soif !

Vue du parc de la Perraudière, l'église Saint-Cyr-et-Sainte-Julitte (XVe siècle) domine le port.

Balcon rocaille, près du port.

Fronton de l'ancienne mairie de Saint-Cyr. Le bâtiment est flanqué d'un beffroi dont l'horloge égrène le temps à tous vents.

Buste d'Anatole France, près de la mairie. Socialiste et pacifiste, l'académicien s'installa à Saint-Cyr pendant la Première Guerre mondiale ; il y mourut en 1924.

Bief et sa vanne de régulation dans la vallée de la Choisille. Autrefois les eaux de la rivière alimentaient sept moulins.

Pause gastronomique à l'auberge de « Porc Vallières », dont l'insolite enseigne a stimulé mon appétit.

La Loire à Vallières : un bouquet d'arbres la levée et son talus herbeux, puis l'eau qui s'écoule lentement vers le ciel.

Le « pavillon chinois », petit édifice en bordure de levée.

La chapelle de la Chevalette, à Vallières fut construite, pour abriter une statue découverte dans la souche d'un arbre, à l'emplacement d'un ancien oratoire dédié à la Vierge. De nombreux pèlerins venaient s'y recueillir.

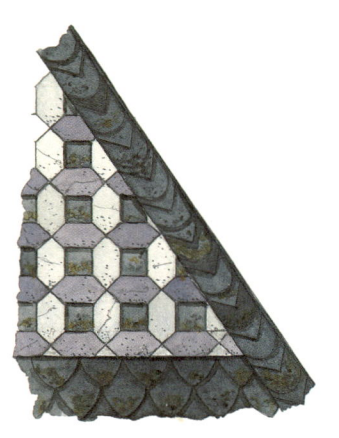

Détail du toit.

*Chapel de chevalet 1698
fait par menard macon*

Inscription sur le mur de la chapelle.

19

Lucarne avec horloge Bodet sur l'église Saint-Symphorien de Fondettes.

En route vers Fondettes, le coteau se fait rude au mollet. Je rêve aux thermes somptueux de la villa gallo-romaine de Chatigny, toute proche…

… et découvre avec bonheur la rafraîchissante fontaine Notre-Dame-de-l'Annonciation, près de l'église.

Sur le plateau, les 44 piles de l'aqueduc
qui amenait l'eau de plusieurs sources vers l'habitat gallo-romain de Malliacum.
Une ferme a trouvé refuge derrière l'antique construction.
Un âne vient saluer ma bicyclette – fraternité des long-courriers.

Luynes

22

Le bourg de Luynes est dominé par le château, impressionnante forteresse du XIIe siècle.

Cette maison dite « du XVᵉ »,
à pans de bois, dans le centre
de Luynes, accueille aujourd'hui
les ouvrages et les lecteurs
de la bibliothèque municipale.

Grange de l'ancien hôtel-Dieu
(XVIIᵉ siècle) construit par le duc
de Luynes pour soigner
les nécessiteux.

Détail d'un pilier
sculpté. Plusieurs
personnages ornent
cette maison,
notamment
saint Christophe,
patron des passeurs.

Je m'échappe de la route qui suit le coteau et remonte la petite vallée de la Bresme, havre de tranquillité où prospéraient jadis dix-huit moulins.

Le Vieux-Bourg, église Saint-Étienne, XVIᵉ siècle.

De la crossette du pignon, cette créature de tuffeau s'apprête à bondir sur le tranquille voyageur. Je m'éloigne prudemment de quelques mètres avant de sortir crayons et pinceaux pour la fixer, assagie, sur mon carnet de croquis.

Sur le plateau
se dressent de grandes
oreilles de métal,
à l'écoute
des battements
de cœur du ciel...

L'entrée de
« la Juiverie »,
à Cinq-Mars-la-Pile.
Le nom évoque
un possible ghetto.

La pile de Cinq-Mars.
Ce monument funéraire gallo-romain,
le plus haut de France (30 mètres),
est recouvert de cent mille briques...
On retrouve ce type de mausolée, qui semble
avoir eu un certain succès au IIe siècle,
en Aquitaine, en Allemagne, en Belgique,
en Espagne et même en Tunisie !

Langeais

Maison des années 50 dans le centre.

Contrairement aux apparences le pont suspendu de Langeais n'est pas contemporain du château... Plus de quatre siècles séparent les deux édifices.

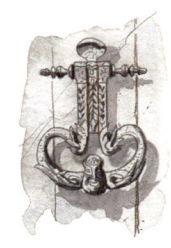

Heurtoir
   de la porte
     d'entrée
   de la tour nord.

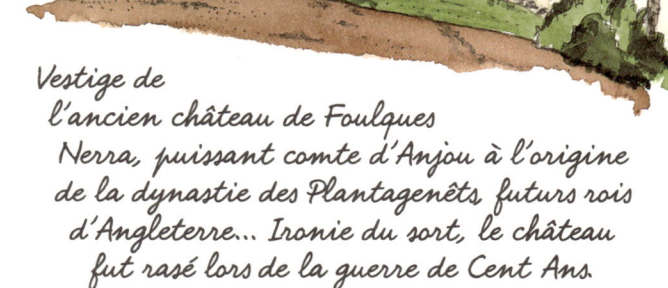

Détail
   de
l'appareillage.

Vestige de
   l'ancien château de Foulques
   Nerra, puissant comte d'Anjou à l'origine
   de la dynastie des Plantagenêts, futurs rois
     d'Angleterre... Ironie du sort, le château
     fut rasé lors de la guerre de Cent Ans.

27

C'est au château de Langeais que le roi
   Charles VIII épousa, le 6 décembre 1491,
     la très jeune Anne de Bretagne
        et annexa par ce mariage
           son duché au royaume.

Frise en terre cuite sur la façade.

À la sortie
de Langeais
le coteau s'habille
de fantasques demeures
semi-troglodytiques.
J'imagine les dames
en crinoline écoutant
de leur terrasse le chant
des mariniers des gabares
glissant sur le fleuve.

De Saint-Michel-sur-Loire à Chouzé-sur-Loire

du 17 au 20 août

« L'Union »,
ex-voto de marinier
(XIXe siècle),
église de
Chouzé-sur-Loire.

30

Le clocher de Restigné veille sur les vignes.

31

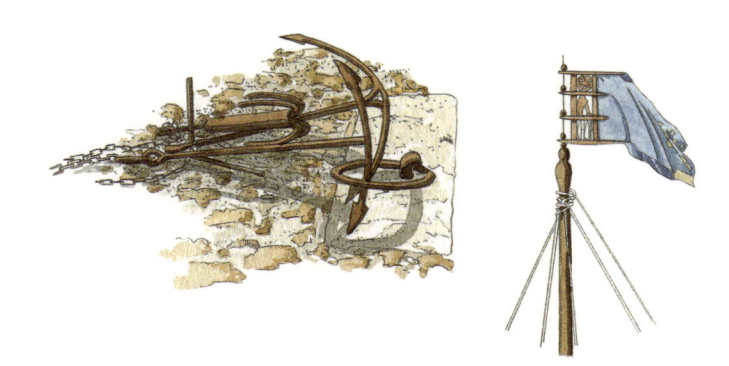

Ancre sur le quai des Sarrazins
à Chouzé-sur-Loire,
et guirouet sur une toue amarrée.

Cette deuxième étape de mon séjour s'ouvre sur le coteau
et s'achève sur la levée, « muraille de Chine » construite
au prix d'un patient travail d'homme sur près d'un millénaire
afin de protéger la vallée des crues terribles de la Loire.
Mais l'eau ne sera pas le seul liquide à couler dans mon verre :
j'apprécie les vertus rafraîchissantes et tonifiantes
des bourgueils, vins de tufs ou de graviers propices
aux échanges complices et aux siestes réparatrices.

Publicité peinte sur un bâtiment,
près de l'île de la Bonde.
Par-delà l'Atlantique, la famille Menier
possédait autrefois sur le Saint-Laurent une île
grande comme un département : Anticosti.
Entre les deux continents et les deux fleuves
cette modeste fresque trace un lien ténu.

Maison troglodytique
dans le coteau,
entre Langeais
et Saint-Michel-sur-Loire.

*Vue générale de Saint-Michel-sur-Loire.
De ce belvédère remarquable sur la vallée, l'œil embrasse
une vaste étendue d'eau, de verdure et de lumière.*

À Saint-Patrice, le merveilleux n'est jamais loin :
la légende ne raconte-t-elle pas que le saint ermite irlandais
alors qu'il séjournait sur le coteau ligérien,
trouva un matin de Noël le bâton qu'il avait planté en terre
couvert de feuilles et de fleurs ?
Plus récemment, un habitant du village aurait aperçu,
une nuit, un étrange objet volant
en forme de croissant.

Je prends appui sur un arbre
pour dessiner
ce pilier de portail,
près de Saint-Patrice.

Très jolie porte
de cave
à claire-voie.

Pavillon d'entrée du domaine de Rochecotte.
Aujourd'hui hôtellerie de prestige, le château acheté
par Talleyrand pour sa nièce est niché au cœur d'un parc magnifique.

La Chapelle-sur-Loire

Au milieu des vignes
ce chai enterré,
moderne nécropole pour crus exquis.

Ruelle d'accès
à la levée.

La Chapelle-sur-Loire fut un bourg prospère au temps des mariniers. Accroché à la levée, le village subit plusieurs crues d'importance au cours des siècles. Comment imaginer, en cette fin d'été, les débordements puissants d'un fleuve qui navigue paresseusement entre ses rives ? Les « turcies », les premières digues élevées pour tenter d'en juguler les caprices datent d'Henri II Plantagenêt (vers 1160).

Barque de pêcheur sur la Loire.

Chemin « pelouse » sur la levée.

La Chapelle-sur-Loire

Dans le bourg, une belle enfilade de lucarnes encourage le cycliste de passage.

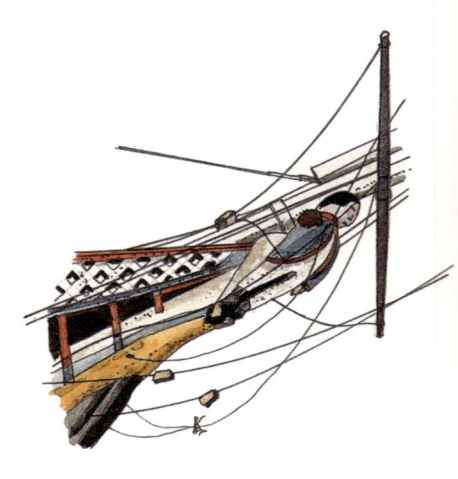

« Le vaisseau de Saint-Martin », ex-voto dans l'église.

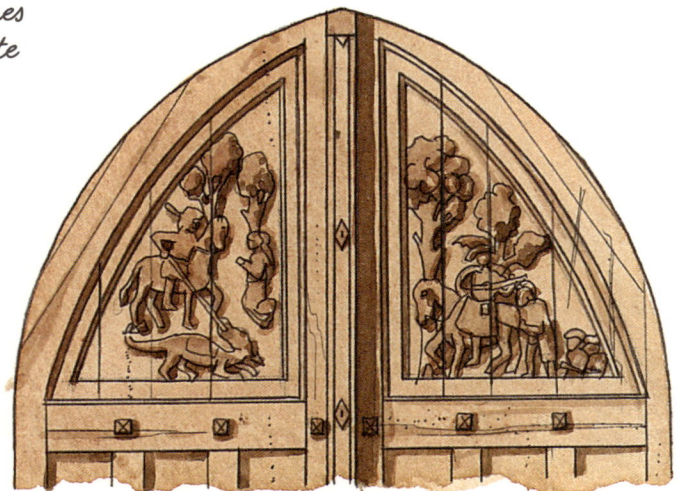

Église : portail en bois sculpté.
À gauche, saint Georges terrasse le dragon ;
à droite, saint Martin partage sa tunique.

À mon arrivée, le kiosque à musique de Restigné
retentit des cuivres et des saxophones :
aubade au valeureux voyageur ou simple tintement d'oreille ?

41

Restigné

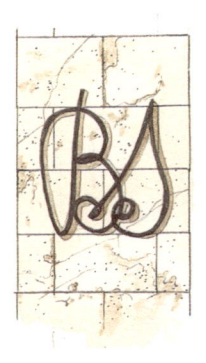

Près du lavoir, B et S
 enlacent leurs boucles
de métal pour accrocher
solidement une
 cheminée de belle
taille au toit d'ardoise.

Au lavoir de la Philberdière,
 à l'occasion des « buées », les lavandières
  rinçaient leur linge à l'eau de source
   tout en échangeant rires et confidences.

Bourgueil

Sur le chemin qui longe le Changeon, cette porte monumentale donnait accès au jardin des moines.

L'imposante abbaye de Bourgueil, vue des bords du Changeon, qui alimente un moulin.

Jour de marché
à Bourgueil. Autour des halles
de tuffeau, l'animation est intense.
Tout s'achète, des articles de Paris
aux olives de Provence en passant, bien sûr,
par les prestigieux vins du cru.

Sur le pignon
de la Maison
des Vins
deux personnages
montent la garde.

Abattoir municipal.
Au passage, ma vieille bicyclette frémit ;
je la flatte d'une main pour la rassurer :
non, ce n'est pas encore l'heure
de l'équarrissage.

45

La maison d'enfance de Jean Carmet
est devenue « Maison des vins »,
ce qui n'aurait pas déplu
au sympathique acteur tourangeau,
grand connaisseur en cépages de Loire.

Balcon sculpté sur l'entrée du château des Réaux.

Sur la façade, ce porc-épic bienveillant et familial.

Près de Chouzé-sur-Loire, l'ancien domaine de Tallemant des Réaux accueille le voyageur par un somptueux feu d'artifice de brique et de tuffeau.

Le quai des Sarrazins, à Chouzé-sur-Loire,
évoque le passage des troupes d'Abd-Er-Rhâman,
venu marauder les riches abbayes de la vallée.
Charles Martel le combattit
entre les rives de la Loire et le Poitou en 732...
En fait, le nom relève d'un canular d'étudiants :
la plaque, apposée à l'occasion, est devenue officielle.

Gravées sur un mur du quai, les crues historiques.

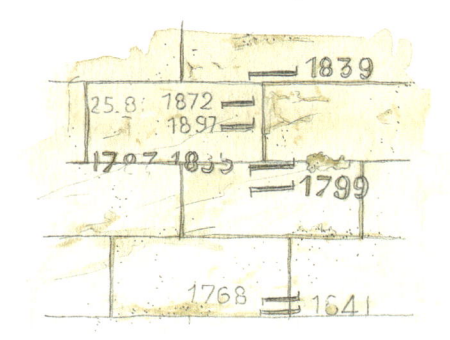

La boule de fort

Ce jeu typique de la vallée, des marches de la Bretagne à la Touraine, témoigne avant tout de l'existence de « sociétés d'hommes », où l'on se retrouvait pour faire virer la boule (aplatie et alourdie d'un côté par un poids, le fort) sur la piste incurvée rappelant le fond des gabares, tout en levant le coude à la buvette. Aujourd'hui, les « cercles » portent toujours des noms de saints (Vincent…) ou de vertus républicaines (L'Union…), vestiges des rivalités du siècle passé, mais ils sont mixtes et tempérants.

Machine à polir les boules au cercle « l'Ilette », près de Chouzé.

Tour Eiffel en fil d'acier, dans la cour du cercle « l'Ilette ».

De Candes-Saint-Martin à Chinon

du 21 au 23 août

Vue générale de Chinon,
blotti entre le château et la Vienne.

51

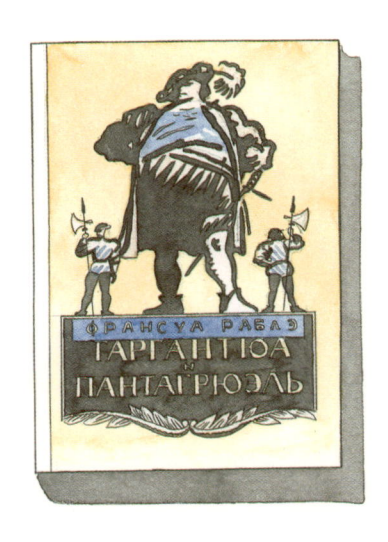

Couverture d'une édition
en russe de Gargantua
(conservée à la Devinière).

Parvenu à la frontière de l'Anjou et de la Touraine, je franchis la Loire sur le pont de Montsoreau pour en remonter le cours. Mais est-ce bien la Loire que je vais suivre désormais ? Vienne, Indre et Cher, rejetés par les coteaux et le vaste plateau forestier, se glissent si subtilement dans la vallée qu'au cours des siècles ils y ont quelque peu emmêlé leurs eaux. Je vais ausculter le cours de ces affluents vagabonds d'une légère pression sur les pédales, troisième plateau, vitesse 5.

Candes-Saint-Martin, vu du pont sur la Vienne.
Hier point de rencontre de trois provinces :
la Touraine, l'Anjou et le Poitou, le village est aujourd'hui frontière
entre deux départements et deux régions. À droite, en silhouette,
le château de Montsoreau, porte d'entrée du Maine-et-Loire.

Bouche ouverte sur l'indicible...
(Détail d'un modillon de la corniche du porche de la collégiale.)

Collégiale Saint-Martin (XIIᵉ-XVᵉ siècle), édifiée sur l'emplacement de la demeure où mourut le saint.

À la mort de saint Martin, sa dépouille fut l'objet d'âpres tractations entre Tourangeaux et Poitevins. Parvenant à subtiliser le corps de l'évêque, les Tourangeaux remontèrent la Loire à force de rames. Selon la tradition, bien que l'on fût à l'automne, les buissons de la rive se couvraient de fleurs au passage du convoi funèbre, d'où le nom « été de la Saint-Martin » donné au redoux qui précède les frimas de décembre.

Candes-Saint-Martin

Devant la maisonnette du passeur, je pose bicyclette et sac à dos pour écouter le vent raconter les anecdotes d'autrefois les bacs glissant sur l'eau de la Vienne ou fendant le flot tourmenté par les crues capricieuses.

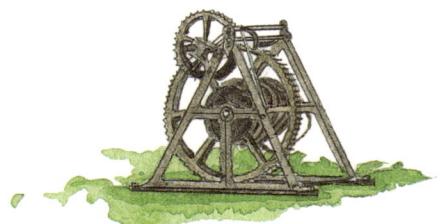

Le treuil :
huile de bras et gros câbles.

Graffiti :
un trois-mâts
amarré au tuffeau
de l'église
de Saint-Germain-
sur-Vienne.

Le hameau de Falèche
surplombe la vallée
de la Vienne. On y parvient,
de l'église, par un raidillon
presque alpin.

À Saint-Germain-sur-Vienne, M. Pannier, un des derniers constructeurs de bateaux, fabrique de quinze à trente bateaux par an : pin Douglas pour la coque, chêne pour la membrure, et vogue la gabare !

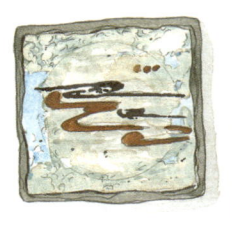

À Thizay, les superbes céramiques de Charles Hair évoquent la fluidité de la Loire et la transparence des ciels de Touraine.

*C'est entre Lerné,
La Roche-Clermault,
Seuilly et Cinais
que se déroulèrent les
guerres picrocholines
pour une histoire de
fouaces... Manière pour
Rabelais de railler
les belliqueux seigneurs
de son temps...*

Maison natale de François Rabelais, à la Devinière, près de Seuilly.
Au premier plan, belle fuye aux 288 boulins
(logements pour les pigeons).

*L'abbaye de Seuilly,
lieu doublement rabelaisien :
le jeune François et son héros
Gargantua y firent
leurs premières études
le second sous la férule
de frère Jean des Entommeures
« beau débrideur de messes ».*

La grange dîmière de l'abbaye, bien restaurée, accueille le visiteur d'aujourd'hui comme le pèlerin d'autrefois. Le chauffoir proche est utilisé pour des séjours d'initiation à l'environnement, maintenant ainsi la vocation pédagogique du lieu.

Le dallage de galets du « jardin des quatre humeurs » évoque la fluidité chatoyante de l'eau, tandis que les ifs symbolisent le cloître disparu. Au centre, un carré d'ellébore, plantes purgatives pour le corps et pour l'âme.

Dans le « jardin des vignes oubliées » ont été rassemblés des cépages anciens.

Le jardin de l'abbaye, création de l'architecte-paysagiste Philippe Niez, est divisé en trois parties :
le « jardin de lin »,
le « jardin des quatre humeurs »
et le « jardin des vignes oubliées ».

Plus que toute autre ville du Val de Loire, Chinon est un saisissant raccourci de l'histoire de France. De la fondation légendaire par Quex, un sénéchal du roi Arthur, au conventionnel Tallien en guerre contre l'armée vendéenne, la cité des bords de Vienne voit défiler entre ses murs les figures les plus marquantes de l'Histoire : la reine Radegonde au VIe siècle ; au XIIe, Henri II Plantagenêt, qui aimait à y résider ; son fils Richard Cœur de Lion, qui y meurt après avoir été blessé à la bataille de Châlus en 1199 ; en 1307, le grand maître des Templiers Jacques de Molay, emprisonné dans la tour du Coudray avec ses compagnons, sur ordre de Philippe le Bel ; Jeanne d'Arc, rendant visite en 1429 au roi Charles VII, qui, de Chinon, régna sur la France pendant plus de vingt ans ; et François Rabelais bien sûr, dont les Caves-Painctes gardent mémoire de la Dive Bouteille...

Ruelle au pied de la tour de l'Horloge.

Le château de Chinon

La tour de l'Horloge, où bat depuis six siècles le cœur de fonte de Marie Javelle.

Le trébuchet, si terrible machine de guerre que sa seule apparition pouvait parfois amener la reddition d'une cité assiégée. Au regard des armes actuelles, ses performances paraissent pourtant bien faibles : 1 ou 2 tirs à l'heure pour une portée de 200 mètres une centaine de servants... Mais les boulets en pierre pesaient de 50 à 100 kilos ! Le trébuchet fut utilisé du XII° au XVI° siècle pour démolir les murailles récalcitrantes.

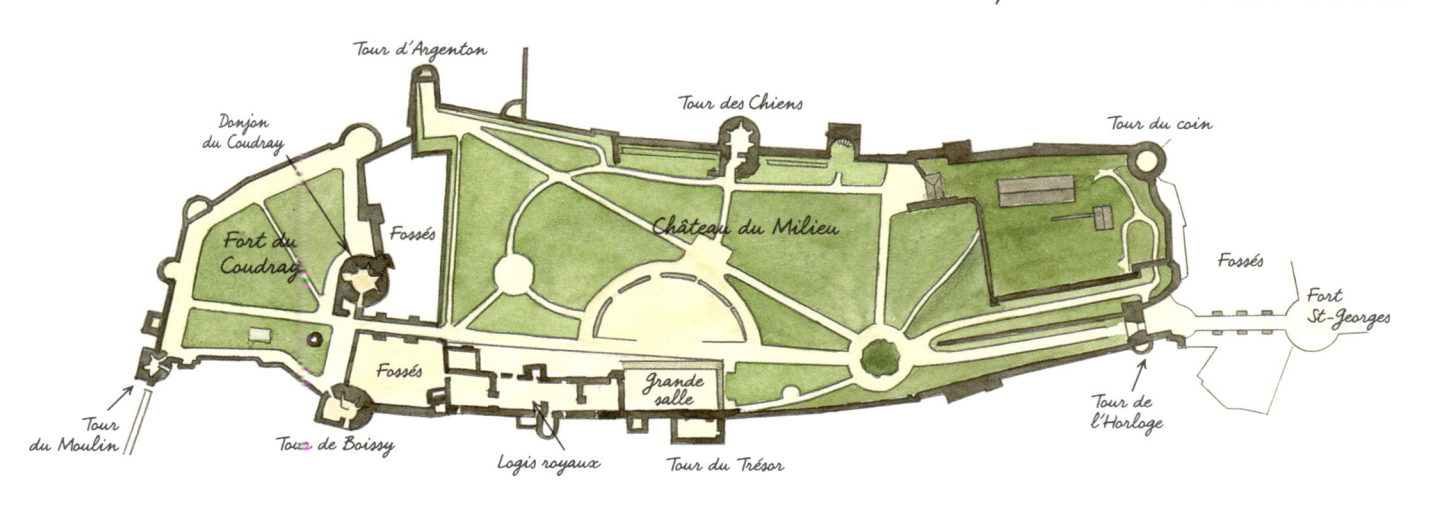

- Tour d'Argenton
- Donjon du Coudray
- Tour des Chiens
- Tour du coin
- Fort du Coudray
- Fossés
- Château du Milieu
- Fossés
- Fort St-Georges
- Tour du Moulin
- Tour de Boissy
- Fossés
- Logis royaux
- Grande salle
- Tour du Trésor
- Tour de l'Horloge

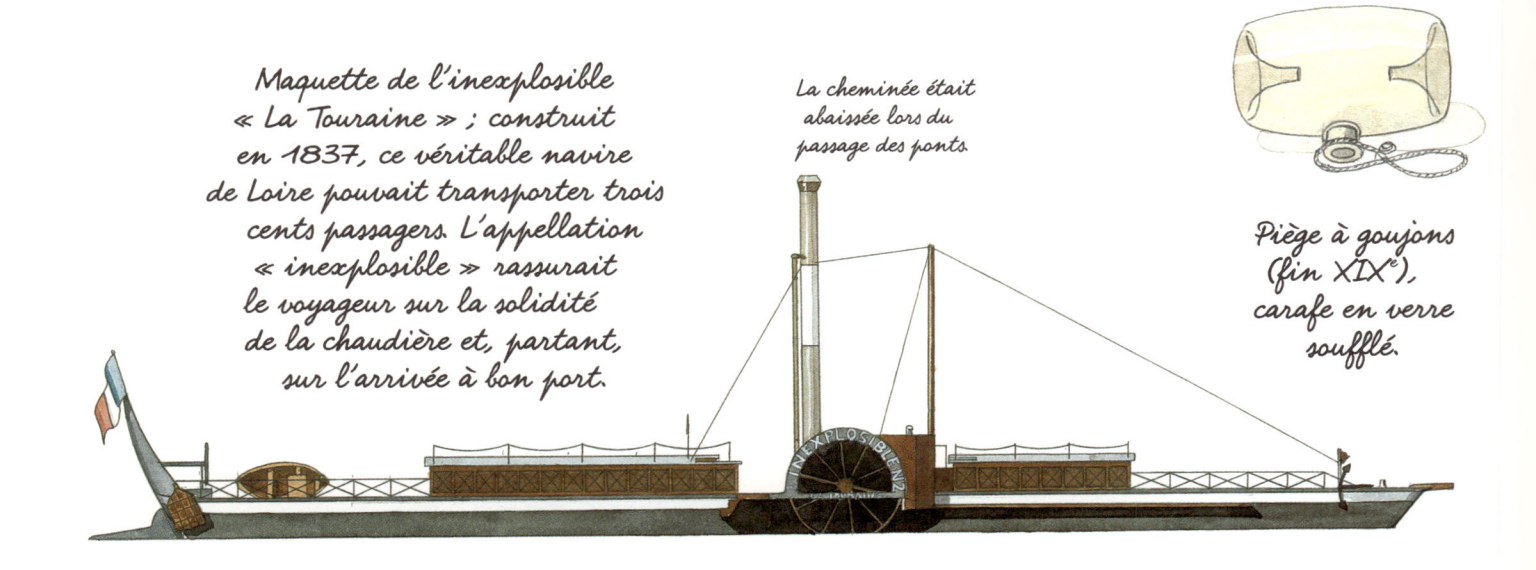

Maquette de l'inexplosible « La Touraine » ; construit en 1837, ce véritable navire de Loire pouvait transporter trois cents passagers. L'appellation « inexplosible » rassurait le voyageur sur la solidité de la chaudière et, partant, sur l'arrivée à bon port.

La cheminée était abaissée lors du passage des ponts.

Piège à goujons (fin XIX°), carafe en verre soufflé.

Dans ce coffre, son unique bagage, qui lui servait aussi de siège, le marinier rangeait outils et affaires personnelles.

Fouesne, sorte de fourche utilisée pour la pêche aux anguilles.

Chinon

La Maison de la Rivière, installée dans les anciens abattoirs de la ville, perpétue le souvenir de la navigation fluviale : jusqu'à l'invention du chemin de fer, les gabares et autres bateaux à fond plat acheminèrent les marchandises et les passagers sur la Loire mais également sur ses principaux affluents, dont la Vienne.

Chinon

Près de la chapelle Sainte-Radegonde, portraits sculptés d'un énigmatique personnage et d'une dame.

Le coteau Sainte-Radegonde, qui domine la collégiale Saint-Mexme et la ville, est troué de troglodytes, un grand nombre à l'abandon ou en ruine. L'émouvante chapelle semi-troglodytique rappelle la visite de la sainte à l'anachorète Jean le Reclus.

Balcon sur une façade, près de la place Jeanne-d'Arc, où la Pucelle caracole fièrement sur son cheval de métal, crinière au vent.

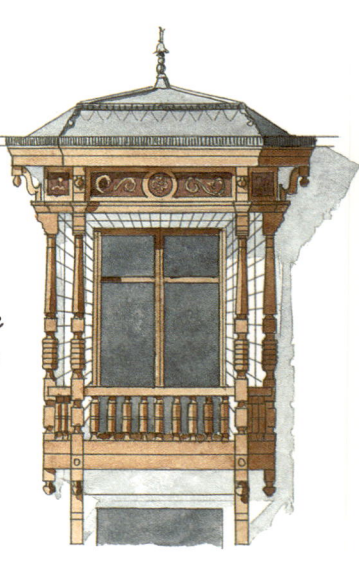

Du pays de Véron à Azay-le-Rideau
du 24 au 28 août

Tympan de l'église néogothique de Savigny-en-Véron (mosaïque).

Sur une petite route qui mène au château d'Ussé, ce joli pont de pierre enjambe une rivière d'herbes.

Ferme typique du Véron, près de Savigny.

Boîte de présentation.

Queue-de-rat, poire de curé, japoule, conférence... Toute poire est bonne à taper !

Platissoire.

La poire tapée, une spécialité de Rivarennes expédiée dans le monde entier avant l'invention des surgelés.

Des rives de la Vienne à celles de l'Indre, quel changement de décor !
Je quitte une rivière au cours délimité par des berges stables
et un tracé franc, pour sillonner un vrai labyrinthe d'eau :
l'Indre fait la coquette, dessine des festons sur la rive sud de la Loire.
Affluent timide, elle hésite à rejoindre son aînée, préférant musarder
dans les prés, annexer des îles, se déverser dans des fossés
dont les hommes régulent les trop-pleins à coups de vannes.
Ce petit jeu de cache-cache aquatique s'achève,
près de la centrale nucléaire, par des retrouvailles semées d'îles.

Le Véron – la confluence entre la Loire et ses deux affluents l'Indre et la Vienne – est un pays de surprises : aussi bien son patrimoine naturel (qui oscille entre polders bataves et monts d'Auvergne), l'architecture des maisons ou ses habitants, longtemps appelés « bédouins du Véron », que l'on croyait descendants des Sarrasins défaits par Charles Martel.

À Beaumont-en-Véron, la « Maison de pierre » voisine avec un abribus en bois, en toute amitié.

Détail d'une clé de voûte.

Cet ancien temple huguenot du XVIᵉ siècle est aujourd'hui reconverti en chai (manoir de la Courtinière, à Beaumont-en-Véron).

Parcourant les chemins du Véron
à la poursuite de la fritillaire pintade,
une jolie fleur des prairies humides
j'emprunte tour à tour l'antique voie
romaine et la rue des Gosiers-Secs
à Bertignolles... avant de faire halte
au récent écomusée, vitrine dynamique
de ce territoire remarquable.

Scellée au mur de la mairie de Savigny-en-Véron, cette stèle énigmatique a longtemps été prise pour une borne milliaire, l'ancêtre gallo-romain de la borne Michelin.

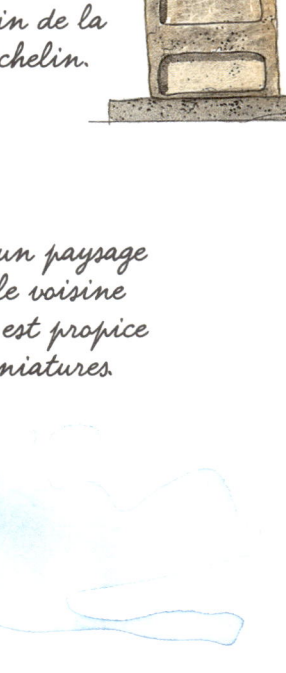

Les Hauts de Bertignolles présentent un paysage très particulier : une pelouse calcicole voisine avec des pins maritimes. L'herbe rase est propice aux envols d'oiseaux et d'avions miniatures.

Silhouette de moulin cavier juchée sur la Maison de la Confluence, conçue par l'architecte Massimiliano Fuksas. L'eau symbolique censée couler le long de l'échelle rappelle les aéroréfrigérants de la centrale voisine.

Le siège de la Communauté de communes du Véron. La tour au premier plan habille élégamment un transformateur électrique.

75

La centrale de « Chinon », en bordure de Loire, fournit chaque année 6 % de la consommation d'électricité du pays, au moyen de ses quatre réacteurs à eau pressurisée de 900 mégawatts. Elle est la seule centrale nucléaire à bénéficier d'aéroréfrigérants surbaissés afin d'en favoriser l'intégration dans le paysage.

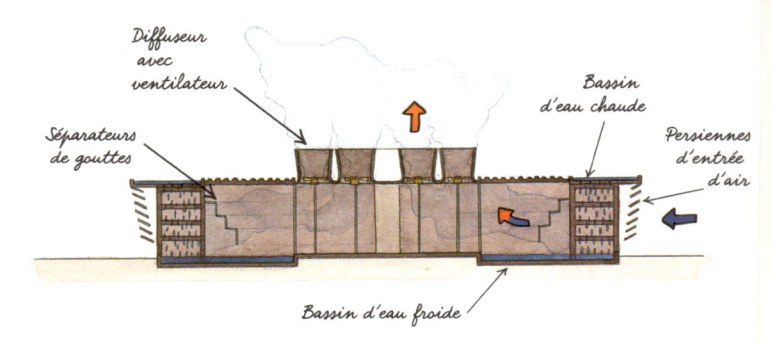

Coupe de principe d'un aéroréfrigérant.

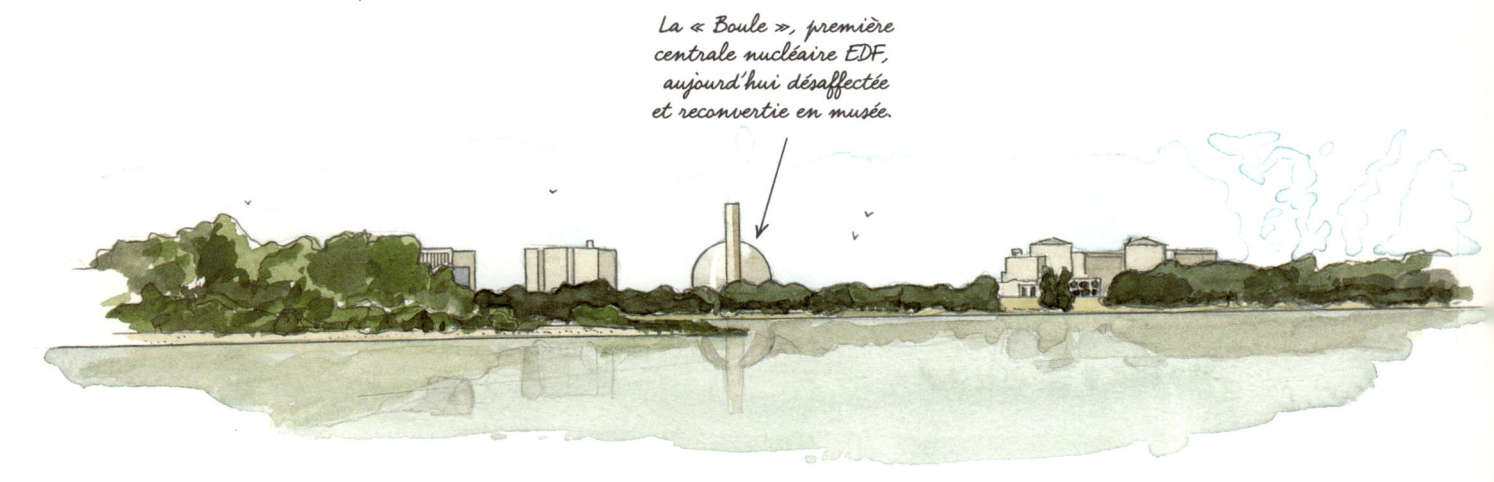

Diffuseur avec ventilateur — *Séparateurs de gouttes* — *Bassin d'eau chaude* — *Persiennes d'entrée d'air* — *Bassin d'eau froide*

La « Boule », première centrale nucléaire EDF, aujourd'hui désaffectée et reconvertie en musée.

La centrale, vue du pont sur la Loire.

Les castors du Néman

À proximité de la centrale, le Néman constitue un lieu hors du temps, où prospèrent toutes sortes d'espèces végétales et animales notamment le castor.

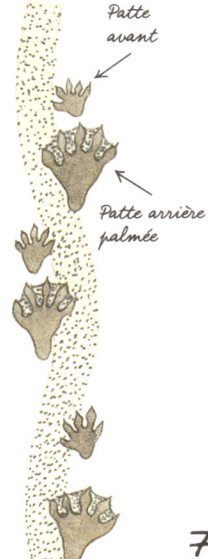

Vue sur l'île de Bondésir.

Bois rongé.

Patte avant

Patte arrière palmée

Île de Bondésir — Île des Buteaux — La Loire — Levée du Bois-Chétif — L'Indre — Vers Huismes — LE NÉMAN

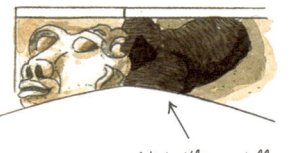

Nid d'hirondelle

Détails de la corniche.

Façade néogothique de l'église de Huismes. En prolongement, une passerelle permettait au seigneur local de se rendre aux offices à l'abri des intempéries et des regards de ses manants.

78

Huismes

Belle maison de vigneron
dans le centre-bourg.

Entre 1955 et 1967, Huismes accueillit un des plus célèbres peintres surréalistes Max Ernst, et son épouse, l'artiste américaine Dorothea Tanning. Dans leur maison du « Pin-Perdu », ils reçurent de nombreux artistes et donnèrent des fêtes aux costumes éblouissants. Un des tableaux de Max Ernst, « Le Jardin de la France », représente un corps de femme étendu entre la Loire et l'Indre.

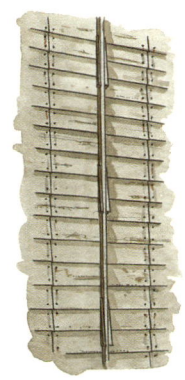

Panneaux mobiles.

Les séchoirs à tabac ressemblent à des granges en bois. De grands panneaux mobiles servent à ventiler le bâtiment afin de favoriser le séchage des feuilles. Lors de la récolte, les feuilles de tabac sont piquées à la main sur une ficelle, puis ces enfilades sont suspendues. La culture du tabac est très contrôlée : les feuilles récoltées sont comptées une à une.

À Cuzé, dans la cour d'une maison, cette étrange « lanterne » protège le treuil métallique d'un puits.

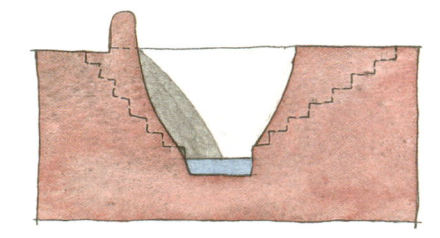

Près d'Ussé, le vivier qui donne son nom au lieu-dit était utilisé pour recueillir l'eau d'une source souterraine, toujours fraîche. Étonnant baromètre : cette eau devient bleue avant l'orage.

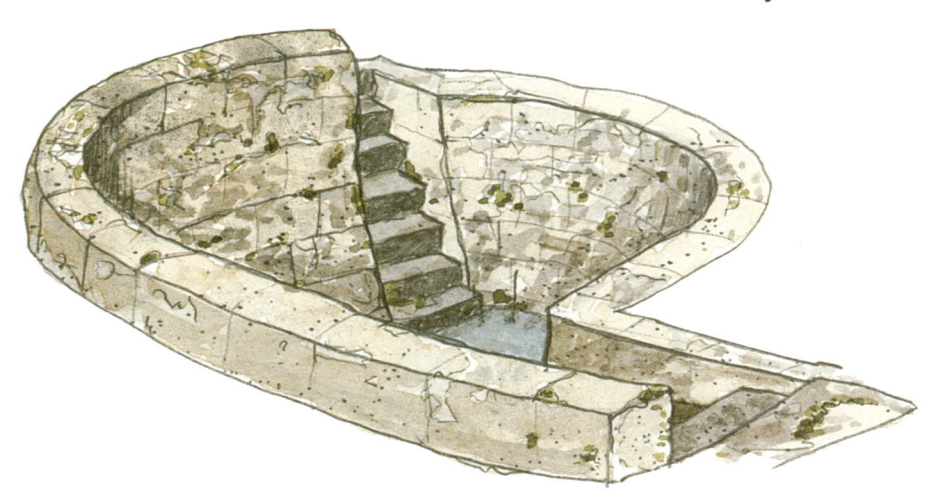

Ussé

La chapelle Notre-Dame-des-Eaux
a été édifiée après la crue de 1846.
Sur le mur gauche de l'oratoire,
les cotes de deux crues exceptionnelles
1856 et 1866, confirment
leur rythme décennal.

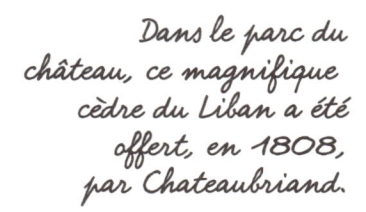

Dans le parc du
château, ce magnifique
cèdre du Liban a été
offert, en 1808,
par Chateaubriand.

Les sept fées de la Belle au Bois dormant se sont penchées
sur le berceau de tuffeau où naquit le plus gracieux
des châteaux. Si Perrault s'est inspiré d'Ussé
pour la demeure de sa princesse, de la huitième fée
il n'est ici nullement question : les visiteurs, bien éveillés
ne risquent guère de se piquer à une quenouille.

Coquille Renaissance
au-dessus de la porte
de la chapelle.

Peinture murale
(XIV° ou XV° siècle),
découverte sous un
badigeon de chaux.

À la recherche
d'ombre, je rejoins
la secrète église
Notre-Dame de Rigny,
nichée au cœur
d'un paisible vallon.
Louis XI venait y entendre
la messe entre deux chasses
dans la forêt de Chinon toute proche.

L'église de Cheillé recèle bien des mystères :
un chêne bicentenaire pousse dans le mur
du clocher, le christ en croix du chœur
est chauve et imberbe et un comte suédois
censé reposer sous le pavage, est également
enterré dans la cathédrale d'Uppsala !
Celui de Cheillé était-il un imposteur ?

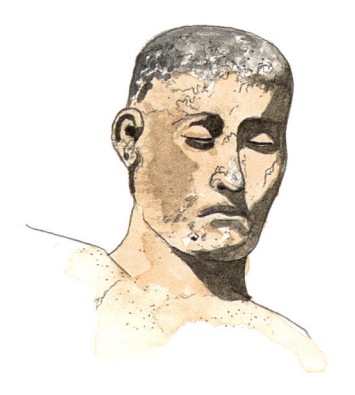

Le modèle ou le sculpteur du
christ de Cheillé était peut-être
lépreux, ce qui expliquerait
les doigts de la main droite
sectionnés à la deuxième
phalange et les pieds rongés.

Le château de Saché est lié au souvenir de Balzac : l'écrivain s'y réfugia fréquemment pour échapper aux tracasseries parisiennes et écrire une partie de la Comédie humaine : Le Père Goriot, Le Lys dans la vallée, Louis Lambert… Dans le petit musée qui lui est consacré, je m'attarde auprès d'étonnantes épreuves d'imprimerie surchargées de corrections.

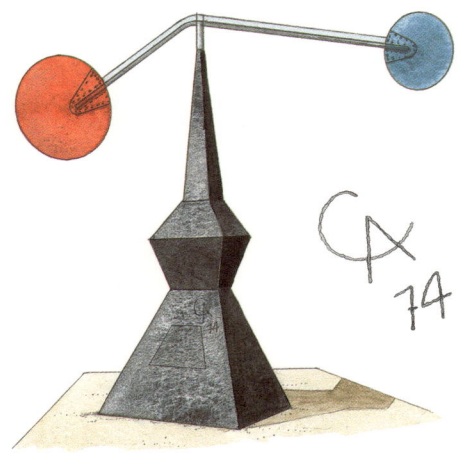

Sur la place de Saché, le mobile de Calder symbolise la course incessante de la Planète bleue autour de son Soleil. Le sculpteur installa son atelier à Saché en 1963.

Azay-le-Rideau

Petit pavillon sur l'Indre.
Tandis que je le dessine,
des canards affamés
viennent quémander
des miettes. Mon déjeuner
part ainsi à vau-l'eau...

Près du pont,
ce moulin brassait
naguère l'eau de
l'Indre pour fournir
du courant électrique
aux habitants
d'Azay-le-Rideau.

Épis sur les communs dorés à l'or fin. Les feuilles d'or sont soufflées sur l'objet à recouvrir et les petites chutes récupérées soigneusement.

L'escalier monumental, parure du château construit par le trésorier de France, Gilles Berthelot, à partir de 1517. L'édifice ne fut jamais achevé, notamment à cause de la disgrâce du trésorier, soupçonné de malversations. C'est au milieu du XIXᵉ siècle que le château prit son aspect définitif.

*Avant de se refléter dans son beau miroir d'eau,
le château d'Azay-le-Rideau s'admirait
à travers les feuillages du potager.*

Le cinéma « Familia »
d'Azay-le-Rideau a succédé
à la salle de réunions.
Frissons et tendre romance
au programme.

Détail
d'un panneau.

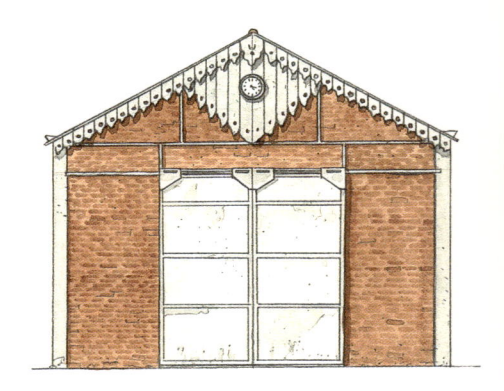

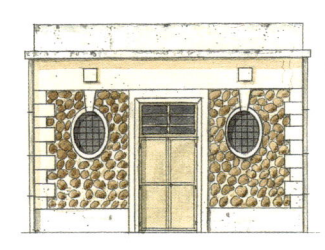

Transformateur
EDF.

L'usine de « déroulage »
de bois à qui appartenaient
ces bâtiments mettait
à contribution les peupliers
de la vallée pour confectionner boîtes
de camembert ou ronds de pizza.

De Bréhémont à Tours

du 29 au 31 août

Cette plaque
va dans le sens de l'histoire
(la mienne) : 13 kilomètres
et quelques brouettes
avant Tours !

Près de Villandry, le bec du Cher, point de rencontre entre la Loire et son affluent, et le pont du chemin de fer.

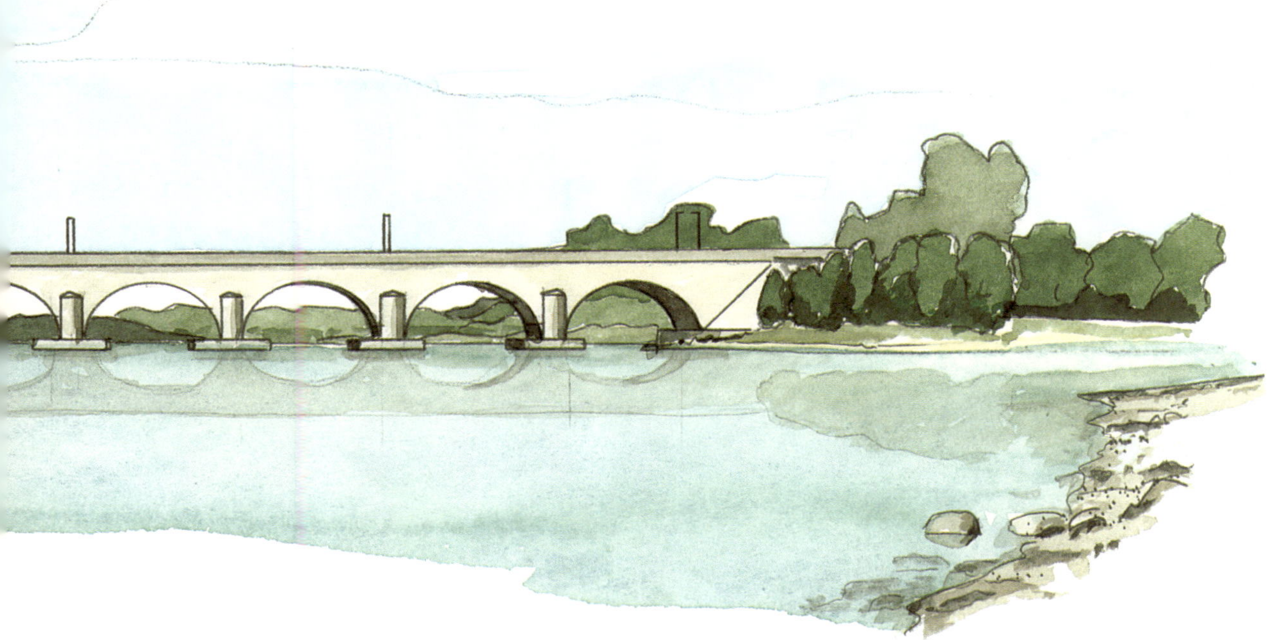

Moulin en faïence,
sur un mur
de Bréhémont.

Le vieux Cher, cerné de vannes et de ponts, détourne une partie
des eaux de l'affluent officiel pour les rejeter discrètement
dans le fleuve, après Bréhémont. Tissée de complicité avec l'Indre,
cette désinvolture de la géographie brouille le paysage,
crée une sorte d'écran entre le voyageur et le fleuve : depuis que
je sillonne la rive sud, je n'ai que peu fréquenté la Loire...
Il est vrai que, jusqu'aux limites de l'agglomération tourangelle,
elle ne se laisse approcher que par de petites levées
vireuses et tranquilles.
Cette confusion des eaux pousse à la rêverie d'un monde peuplé
de rivières intimes, confidentes des promeneurs et des pêcheurs.

Une boire inondable, près de Bréhémont. Véritables poumons de la vallée, les boires se remplissent lors de la montée des eaux, absorbant une partie de la crue. À la décrue, des poissons peuvent rester prisonniers si les bois morts de l'embâcle obstruent l'écoulement naturel vers le fleuve ou ses affluents. Les boires constituent des zones de ponte pour les brochets : les œufs s'accrochent à la végétation semi-aquatique.

Borne Michelin « à l'ancienne ».

Bréhémont

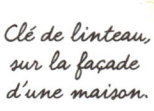

Clé de linteau, sur la façade d'une maison.

Est-ce un hasard ?
Cette superbe rotonde de tuffeau, destinée à recueillir les trop-pleins de l'organisme, voisine avec le local de la pompe à incendie...
À l'origine, l'édicule était creux et une protection en zinc assurait un minimum d'intimité.

La culture du chanvre

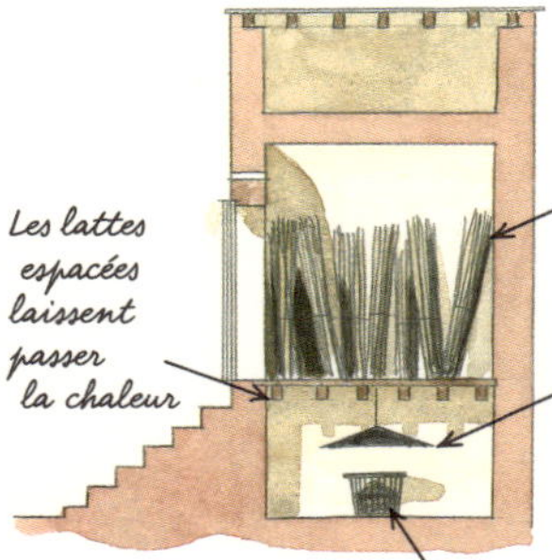

Coupe du four.

Les lattes espacées laissent passer la chaleur

Bottes de chanvre

Le couvercle répartit la chaleur

La « marmite » où brûle le coke

L'érussoir sert à séparer l'extrémité de la plante (partie qui contient les graines de chènevis) de la tige.

Après le rouissage (les tiges sont immergées dans l'eau pour décoller les fibres), le chanvre est séché à l'air libre, puis dans un four (ici, à Bréhémont).

Avec la braie, l'épureur écrase les tiges sorties du four pour en éliminer les parties ligneuses puis la filasse est secouée pour enlever les « éguertes », copeaux résultant du brayage.

La plante, cannabis sativa, à ne pas confondre avec sa cousine, cannabis indica... (Ici, jeune plant, de trois semaines environ.)

Sur la route de Vallères, surprenante
apparition d'un château fortifié.
Édifié sur les vestiges d'une villa
gallo-romaine, le château de Fontenay
fut orné, au XIXᵉ siècle, de mâchicoulis
et créneaux de fantaisie
par le chanoine architecte Brisacier.

Lignières de Touraine :
peinture du XIIIᵉ siècle,
dans l'église.
Calendrier
des travaux des mois
(ici, « les Vendanges
en septembre »).

Pont de Lhumois
sur le vieux Cher.

Comme les autres vannes de régulation,
celle-ci (près de La Chapelle-aux-Naux)
est utilisée dans les deux sens :
quand le vieux Cher monte,
elle en retient l'eau, que l'on vide ensuite
quand la Loire baisse.
Cette partie de la vallée
fonctionne à la manière d'un polder.

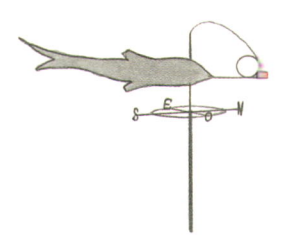

Girouette poisson
accrochée au toit
d'une maison de
La Chapelle-aux-Naux.

Borne de Loire.
Le chiffre indiquait
aux mariniers
du XIXᵉ siècle
la distance parcourue
par le fleuve
depuis Andrézieux,
près de Saint-Étienne.
La dernière borne
se situe à Mindin,
près de Saint-Nazaire.

La levée vers
La Chapelle-
aux-Naux.

Vallères

CENTRE MUTUEL A.C.L.

Plaque d'assurances sur un mur : fraternité et solidarité, malgré la rouille.

102

Impressionnante série de caves troglodytiques le long de la route départementale 7.

L'alambic du bouilleur de cru distille dans son estomac de cuivre marc de raisin, poires ou prunes pour produire l'eau-de-vie.

Devise singulière, accrochée hors de la portée des enfants sur le château d'eau qui domine le village : à boire avec modération ?

Côté
vieux Cher

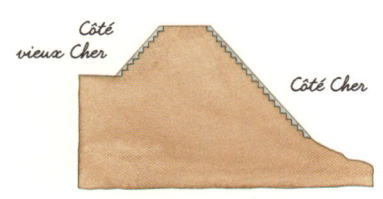

Côté Cher

Coupe du barrage.

En cas de crue majeure (il y en eut plusieurs au XIXᵉ siècle), des barrages « fusibles » ou déversoirs, comme celui de Villandry, orientent une partie de l'eau du Cher vers le vieux Cher. Les habitants des villages envahis par l'eau, notamment ceux de La Chapelle-aux-Naux et de Bréhémont, sont alors accueillis par leurs voisins des coteaux, ainsi que le stipule un ancien édit royal.

Je fais halte sur la place de Villandry et, appuyé à l'émouvante petite église, dessine cette belle maison ancienne.

Plan du jardin d'ornement
« l'Amour volage ».
Entre les éventails des angles
les cornes de l'amour trompé.
Au centre, les billets échangés
entre la femme et son amant.

Le château de Villandry vit au rythme de son jardin féerique, où les carrés de choux répondent aux parterres de buis. Le visiteur se promène sous les charmilles couvertes de grappes de raisin, tandis qu'un chemin d'eau descend les escaliers en nappes cristallines.

Pavillon
à l'angle du château.

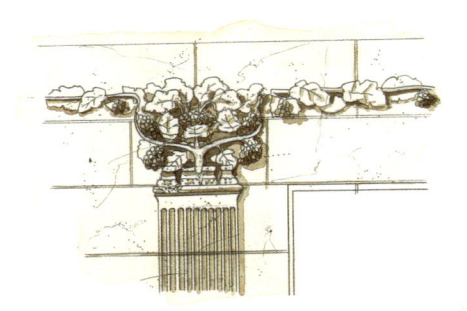

À Savonnières, on pétrifie volontiers les objets du quotidien. Je longe prudemment l'entrée de ces « grottes pétrifiantes », par crainte que mon vélo, calcifié, ne finisse épinglé dans une vitrine pour l'édification des touristes des siècles à venir.

Chapiteau et frise sur la façade d'un café du centre-bourg.

Savonnières vue de la plage.

Gabares ou futreaux... Dans le port de Savonnières l' « invincible armada » fluviale prête pour de nouvelles conquêtes...

107

La presqu'île entre Cher et Loire, dont Berthenay occupe le centre, est un lieu hors du temps. Je croise un confrère britannique qui pédale avec nonchalance sur sa drôle de bicyclette ras des pâquerettes.

Fuye cylindrique de Portoville.

Toit de tuile et d'ardoise, typique des maisons de Touraine. Le développement de la marine de Loire ayant favorisé l'importation de l'ardoise angevine, on remplaça peu à peu les tuiles plates hors d'usage par le nouveau matériau.

Dans la « grange aux moines », autrefois dépendante de l'abbaye Saint-Martin-de-Tours les bons moines stockaient la dîme, impôt en nature que leur versaient les paysans (un dixième des récoltes).

Deux pratiques « culturelles » à Saint-Genouph : l'artisanat du jardin familial (ci-contre) et la culture intensive sous serres maraîchères (ci-dessous). Les deux profitent pleinement de la bonne terre alluvionnaire de Touraine !

Ronsard, qui aimait les roses et les jeunes filles apprécierait les magnifiques massifs de rosiers pleureurs et rosiers tiges du prieuré Saint-Cosme, à La Riche. Le poète, qui en était prieur commendataire, y mourut en 1585 et fut inhumé dans le chœur de l'église. Des fouilles menées en 1933 mirent au jour le glorieux squelette.

Buste de Ronsard couronné de lauriers. Malgré la promesse faite à ses royaux protecteurs le poète n'acheva pas La Franciade, épopée nationale inspirée de L'Énéide de Virgile.

Tours

À mon arrivée à Tours je recherche fraîcheur et calme sous les ombrages du jardin botanique.

Véritable fossile vivant, le ginkgo biloba – l'arbre aux cent écus – a résisté au feu nucléaire d'Hiroshima. Crues ou cuites les graines et les feuilles sont parées de toutes les vertus pharmaceutiques. Le ginkgo du jardin botanique fut planté au milieu du XIX⁰ siècle.

Le pavillon des kangourous étonnant édifice de bric et de broc, évoque un palais du facteur Cheval pour marsupiaux égarés en Touraine.

La feuille du ginkgo.

La cité Alfred-Mame, construite vers 1870 par le célèbre imprimeur tourangeau pour y loger une partie de ses employés : soixante-deux maisons aux façades régulières enserrent un square plein de charme. Chaque maison, indépendante, disposait de l'eau courante, d'une courette et d'un petit jardin.

La tour Charlemagne, vestige de l'imposante basilique Saint-Martin, construite pour abriter le tombeau du saint : 120 colonnes, 110 mètres de long, 45 mètres de large au transept et 26 mètres de haut. L'actuelle rue des Halles passe en plein milieu de la nef disparue.

« La Charité de saint Martin. », du sculpteur Georges Muguet, orne la partie haute de la tour restaurée.

La place Plumereau, colombages et terrasses ombragées : à boire, tavernier ! chantez, ménestrels !

Joli balcon en surplomb de la place.

Le Vieux-Tours où je faufile mon véhicule à deux roues le long des petites rues piétonnes aligne les maisons à pans de bois comme un décor de cinéma, à rendre jalouses d'autres cités ligériennes moins bien « loties » !

L'hôtel Goüin,
bel exemple d'architecture
Renaissance, accueille
aujourd'hui le Musée
archéologique de Touraine,
ainsi qu'un cabinet de
physique, où l'on peut admirer
une trentaine d'objets datant
du milieu du XVIIIe siècle,
en provenance du château
de Chenonceau.
Le jeune secrétaire qui avait
aidé le propriétaire des lieux
à s'équiper s'appelait
Jean-Jacques Rousseau.

Crosse en cuivre
du XIIIe siècle,
découverte dans
l'ancienne abbaye
de Villeloin
et conservée
au musée.

BAR - RESTAURANT
LE BOUT du MONDE

Les yeux pleins de merveilles, les mollets retapés
je monte dans le train du retour.
Je n'ai qu'un regret : ne pas avoir fait halte
au bar du Bout du Monde, à Berthenay.
Je pense au « Cabaret de la Dernière Chance »
de Jack London et à tous ces lieux de passeurs
qui ont nourri notre enfance et préservé un peu
de magie dans un monde qui se désenchante.

Les auteurs et l'éditeur remercient toutes les personnes qui les ont aidés et encouragés tout au long du parcours, ainsi que les propriétaires des sites présentés dans l'ouvrage, tout particulièrement :
M. Frank Artiges, Comité départemental du Tourisme de Touraine,
M. Michel Verdier, Conseil général d'Indre-et-Loire,
M. Dominique Tremblay, Mission Val de Loire,
M. Jean-Luc Porhel, archives de la Ville de Tours
Mme Florence de Bouillé, présidente de l'association « Vallée des rois »,
les responsables du cercle de boule de fort « l'Ilette », à Chouzé-sur-Loire,
Mme Dominique Zarini, responsable de l'écomusée du Véron,
Mme Christèle Bulot, de l'association PETRI, à Cheillé,
Mme Frédérique Guilbaud, archiviste de la Ville de Chinon,
M. Serge Brosseau, à Bréhémont, pour les informations sur le chanvre,
les animateurs du musée de la Poire tapée de Rivarennes
les responsables de la Maison de la rivière, à Chinon,
les responsables du Parc naturel régional, pour la visite de l'abbaye de Seuilly.

« Carnet de Loire, de Tours à Candes-Saint-Martin » est le prolongement d'une aventure menée sur les bords de Loire en compagnie du CDT Anjou et du CAUE de Maine-et-Loire, à qui nous adressons ici nos amicales pensées tourangelles.

Index des lieux traversés

Du 13 au 16 août

- Tours p. 12-15
- Saint-Cyr-sur-Loire, p. 16-17
- Vallières/Fondettes p. 18-20
- Luynes p. 21-23
- Saint-Étienne-de-Chigny, p. 24
- Cinq-Mars-la-Pile, p. 25
- Langeais p. 26-28

Du 17 au 20 août

- Saint-Michel-sur-Loire, p. 34-35
- Saint-Patrice, p. 36-37
- La Chapelle-sur-Loire, p. 38-40
- Restigné, p. 41-42
- Bourgueil, p. 43-45
- Chouzé-sur-Loire, p. 46-48

Du 21 au 23 août

- Candes-Saint-Martin, p. 54-56
- Saint-Germain-sur-Vienne, p. 57-58
- Thizay, p. 58
- Seuilly, p. 59-61
- Chinon, p. 62-66

Du 24 au 28 août

- Rivarennes p. 70
- Beaumont-en-Véron, p. 72-73
- Savigny-en-Véron, p. 74
- Avoine, p. 75-76
- Les castors du Néman, p. 77
- Huismes p. 78-81
- Rigny-Ussé, p. 82-84
- Cheillé, p. 85
- Saché, p. 86
- Azay-le-Rideau, p. 87-90

Du 29 au 31 août

- Bréhémont, p. 96-97
- Le chanvre à Bréhémont, p. 98
- Lignières-de-Touraine, p. 99
- La Chapelle-aux-Naux, p. 100-101
- Vallères p. 102-103
- Villandry, p. 104-105
- Savonnières p. 106-107
- Berthenay, p. 108
- Saint-Genouph, p. 109
- La Riche, p. 110
- Tours p. 111-115

Ouvrages consultés lors du voyage :
Le Patrimoine des communes d'Indre-et-Loire, Flohic éditions, 2001
Guide du Val de Loire mystérieux, Tchou, 1980
L'Indre-et-Loire, Bordessoules, 1982
Les Carnets du patrimoine, Touraine et Sologne, Massin, 2000
Guide bleu, Centre-Val de Loire, Hachette, 1995
« La Loire », revue 303, n° 75, janvier 2003
Canton d'Azay-le-Rideau, Images du Patrimoine, 1994
Le Véron, Écomusée du Véron, 2003
Cartes IGN n° 1722 E, 1723 O, 1723 E, 1822 O, 1822 E, 1823 O

Dépôt légal : novembre 2003
ISBN : 2-909051-24-2

Le Polygraphe, éditeur
13 bis avenue du Général-Foy,
49100 Angers.
polygraphe@free.fr

Achevé d'imprimer en novembre 2003
sur les presses de l'imprimerie Setig (Angers)
Lettrage et typographie : Bonté Divine, François Batet.
Photogravure : Nickel-Chrome (Angers)